Un paseo por la RUTA 66

Amanda Jackson Green

Asesor

Brian Allman
Director
Escuelas del Condado de Upshur, Virginia Occidental

Créditos de publicación

Rachelle Cracchiolo, M.S.Ed., *Editora comercial*
Emily R. Smith, M.A.Ed., *Vicepresidenta superior de desarrollo de contenido*
Véronique Bos, *Vicepresidenta de desarrollo creativo*
Dona Herweck Rice, *Gerenta general de contenido*
Caroline Gasca, M.S.Ed., *Gerenta general de contenido*
Dani Neiley, *Editora*
Fabiola Sepulveda, *Diseñadora gráfica de la serie*

Créditos de imágenes: pág.7 Alamy Stock Photo/Science History Images; pág.9 Library of Congress [LC-USZ62-56051]; pág.11 (superior) Library of Congress [https://chroniclingamerica.loc.gov/lccn/sn83045462/1951-06-10/ed-1/seq-126/]; pág.11 (inferior) Library of Congress [LC-DIG-highsm-49556]; pág.12 Getty Images/Kurt Hutton; pág.13 (superior) Library of Congress [LC-DIG-mrg-01504]; pág.14 Library of Congress [https://chroniclingamerica.loc.gov/lccn/sn83045499/1928-06-08/ed-1/seq-1/]; pág.16 Shutterstock/Eddie J. Rodriquez; pág.17 (superior) Shutterstock/DCA88; pág.17 (inferior) Library of Congress [LC-DIG-highsm-04004]; pág.18 Shutterstock/StockPhotoAstur; pág.19 Shutterstock/Nagel Photography; pág.20 Alamy Stock Photo/Cavan Images; pág.21 (inferior) Shutterstock/Moab Republic; pág.22 Library of Congress [HAER CAL,48-VALL,1--118]; pág.25 Shutterstock/Ehrlif; pág.27 Library of Congress [https://chroniclingamerica.loc.gov/lccn/sn83045462/1951-06-10/ed-1/seq-126/>]; todas las demás imágenes cortesía de iStock y/o Shutterstock

Library of Congress Cataloging-in-Publication Data

Names: Green, Amanda Jackson, 1988- author.
Title: Un paseo por la ruta 66 / Amanda Jackson Green.
Other titles: Driving along Route 66. Spanish
Description: Huntington Beach, CA : Teacher Created Materials, [2024] | Includes index. | Audience: Ages 8-18 | Summary: "Route 66 is one of America's most famous roads. For more than 60 years, the highway carried travelers from east to west. The route inspired inventions and created many unique jobs. It also captured the love of thousands of road trippers"-- Provided by publisher.
Identifiers: LCCN 2023036063 (print) | LCCN 2023036064 (ebook) | ISBN 9798765960370 (paperback) | ISBN 9798765970584 (ebook)
Subjects: LCSH: United States Highway 66--History--Juvenile literature. | Automobile travel--United States--History--20th century--Juvenile literature.
Classification: LCC HE356.U55 G6418 2023 (print) | LCC HE356.U55 (ebook) | DDC 388.10973--dc23/eng/20230901
LC record available at https://lccn.loc.gov/2023036063
LC ebook record available at https://lccn.loc.gov/2023036064

En la portada se muestra la Ruta 66.

TCM Teacher Created Materials

5482 Argosy Avenue
Huntington Beach, CA 92649
www.tcmpub.com

ISBN 979-8-7659-6037-0

Printed by: 51497
Printed in: China

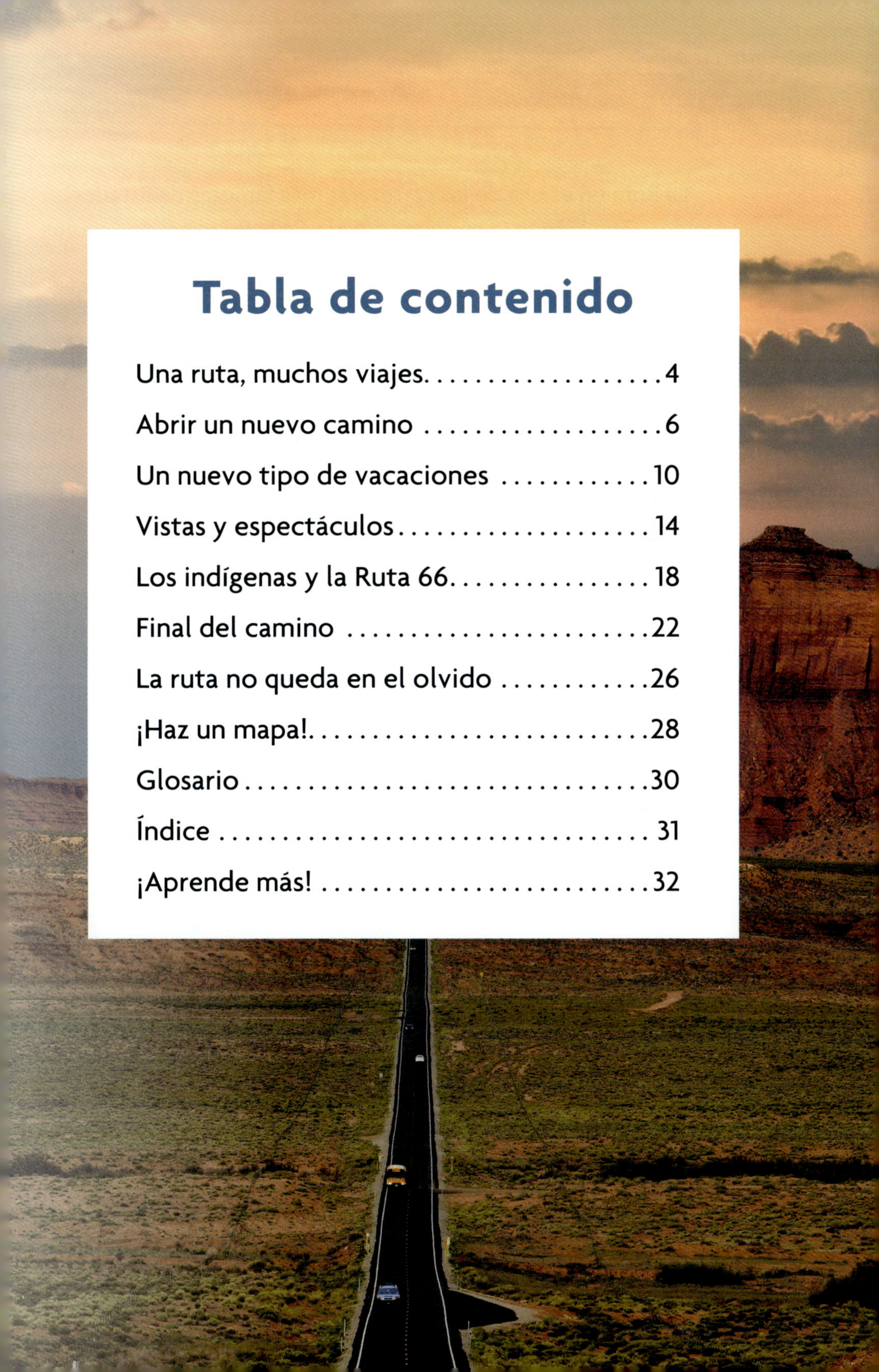

Tabla de contenido

Una ruta, muchos viajes

La Ruta 66 es una de las carreteras más famosas de Estados Unidos. También se la conoce como la Calle Principal de Estados Unidos y la Carretera Madre. Con sus dos carriles, fue una de las primeras carreteras importantes del país. En una época, su extensión superaba las 2,000 millas (3,200 kilómetros). La ruta comenzaba en la ventosa y fría ciudad de Chicago, Illinois. Quienes seguían el recorrido hasta el final se encontraban con el sol radiante de Santa Mónica, California. En el camino, los viajeros exploraban llanuras cubiertas de hierba, desiertos secos y otros paisajes impresionantes.

La Ruta 66 cambió la vida de los estadounidenses de muchas formas. Desde granjeros hasta estrellas de cine, millones de personas de todo el mundo la recorrían en auto. En el camino, se expandió el intercambio de bienes y surgieron nuevas formas de **comercio**. Las familias se trasladaban de este a oeste y luego volvían. Aparecieron nuevos negocios para atender a los cansados y hambrientos viajeros. Pueblos pequeños y tranquilos se convirtieron en lugares de moda para visitar. El recorrido se volvió tan especial como el destino. Los viajes por la Ruta 66 inspiraron canciones, libros y programas de televisión. La carretera en su forma original solo existió durante 60 años. Sin embargo, sigue viva en el corazón de los viajeros hasta el día de hoy.

Recorrido interestatal

La histórica Ruta 66 cruzaba ocho estados: Illinois, Misuri, Kansas, Oklahoma, Texas, Nuevo México, Arizona y California. En Kansas estaba la sección más corta, de tan solo 13 millas (21 kilómetros). La parte más larga estaba en Nuevo México y recorría 487 millas (784 kilómetros).

Abrir un nuevo camino

La historia de la Ruta 66 comienza en 1908. Aquel año, Henry Ford inventó un nuevo tipo de auto. Lo llamó el Ford modelo T. No fue el primer automóvil de Estados Unidos. Pero las versiones anteriores eran muy costosas. Pocas personas tenían el dinero para comprar un auto. La mayoría de las familias se movían a pie, a caballo o en carruaje.

El auto de Ford costaba $850 en 1908, pero con el tiempo bajó a menos de $300. El precio más bajo permitió que más personas tuvieran la oportunidad de comprarlo. Las ventas de autos aumentaron rápidamente. En 1924, ya se habían fabricado diez millones de autos. Pero esta nueva forma de trasladarse seguía siendo un desafío. Debido a lo precarias que eran las carreteras, viajar en auto no era seguro. Había pocas carreteras que conectaran pueblos y ciudades.

autos y carruajes en la Quinta Avenida de Nueva York, 1900

A John Woodruff y Cyrus Avery se les ocurrió un plan para mejorar el transporte en auto. Estos hombres de negocios propusieron la construcción de una nueva ruta. La primera parte pasaría por Illinois, Misuri, Kansas y Oklahoma. Luego continuaría hacia el oeste, cruzando Texas, Nuevo México, Arizona y California. Woodruff y Avery creían que el plan generaría puestos de trabajo en los pueblos que estaban a lo largo de la ruta.

El plan fue aprobado por la Oficina de Carreteras Públicas el 11 de noviembre de 1926. La construcción de la Ruta 66 comenzó poco después.

Líneas de montaje

Las fábricas de Henry Ford fueron las primeras en usar **líneas de montaje** para construir autos. Las partes se movían por una cinta transportadora. Los trabajadores se ubicaban a lo largo de la cinta y cada uno completaba un paso del armado. El proceso le permitió a Ford producir más autos en menos tiempo.

A los trabajadores les llevó más de una década terminar de pavimentar la Ruta 66. La señalización se instaló en 1927, aproximadamente un año después de la aprobación de los planos. Pero las autoridades de cada estado supervisaban la construcción de la carretera en su zona, y cada cuadrilla avanzaba a su ritmo. El proyecto finalmente se completó en 1938.

Al principio, la mayoría de las personas que usaban la ruta eran granjeros. Se trasladaban desde sus campos hasta los mercados de las ciudades. Allí vendían frutas, verduras y otros productos.

En la década de 1930, una grave **sequía** azotó la región de las Grandes Llanuras. Las cosechas se arruinaron por las malas prácticas agrícolas y la escasez de lluvias. De Texas a Nebraska, empezaron a morir personas debido a la falta de alimento y agua. El cielo se llenaba de polvo negro y rojo por las terribles tormentas de viento. Esto le valió a la región el apodo de "Tazón de Polvo". En los años que siguieron, huyeron de allí casi 2.5 millones de personas. Se dirigieron hacia el oeste por la Ruta 66 en busca de una vida mejor. Muchos se asentaron en California, donde la tierra era fértil para el cultivo.

En 1941, Estados Unidos entró en la Segunda Guerra Mundial. La cantidad de vehículos que transitaban por la Ruta 66 aumentó considerablemente durante esa época. Los militares usaban la carretera para transportar tropas y provisiones de un lado a otro del país. Otros viajaban al oeste por la carretera con el objetivo de encontrar trabajo en las fábricas de armamento.

maquinaria agrícola enterrada durante la época del Tazón de Polvo, 1936

Una familia usa su auto para huir del Tazón de Polvo en 1935.

La Carretera Madre

El autor John Steinbeck fue el primero en referirse a la Ruta 66 con el nombre de "Carretera Madre". El apodo apareció en su libro *Las uvas de la ira*. La novela cuenta la historia de una familia que viaja hacia el oeste en busca de trabajo durante el Tazón de Polvo.

Un nuevo tipo de vacaciones

La Segunda Guerra Mundial terminó en 1945. Pronto, la **economía** estadounidense comenzó a recuperarse. Se aprobó la Carta de Derechos de los Soldados. Esta ley les dio ciertos beneficios a los exsoldados. Los beneficios incluían dinero para pagar estudios universitarios, viviendas y granjas. Las fábricas ya no necesitaban producir armas. Ahora, las empresas contrataban personas para fabricar **bienes de consumo**. Los trabajadores producían bienes como autos, muebles y electrodomésticos. Muchas personas contaban con más dinero del que tenían antes de la guerra. Y también tenían más tiempo libre para gastarlo.

En 1955, más de 52 millones de estadounidenses tenían un auto. Este nuevo medio de transporte dio lugar a un pasatiempo popular: viajar por las carreteras. La Ruta 66 se llenó de familias, parejas jóvenes y grupos de amigos. Algunos se detenían en el camino para disfrutar de los parques nacionales o para visitar a sus seres queridos. Otros viajaban a lugares como el nuevo parque temático de Disneylandia.

Esta gasolinera de la antigua Ruta 66 se encuentra en el Registro Nacional de Lugares Históricos.

TAKING THE HOLIDAY TRAIL. 25 million U. S. families will vacation by car this year, traveling over roads their tax dollars have built. The U. S. motorist has paid over 19 *billion* dollars in State gasoline taxes alone since 1920; 7 billion since World War II.

AMERICA HITS THE ROAD

Oil powers a 30-billion-mile trip for U.S. vacationists

Americans vacationing by car this year will travel more than 30 *billion* miles*—an increase of almost 60 per cent since 1940.

With over half this travel concentrated in June, July and August, thousands of service stations will be working day and night to take care of vacationists. Nationwide, gasoline demand jumps millions of gallons a day. And it skyrockets in the mountains, at the beaches, on the super-highways and the sideroads, too.

Yet with thousands of oil companies—jobbers, distributors, dealers—competing for vacation business, *wherever* U.S. families travel this summer they will find ample supplies of gasoline.

In peace or war, America's privately-managed oil companies provide the public with up-to-the-minute service as well as the finest oil products at the world's lowest prices.

This has come about because free men, over the years, have constantly tried to outdo their competitors. *The benefits of this competition go to you and the nation.*

**Latest estimates of the American Automobile Association*

Oil Industry Information Committee, American Petroleum Institute, 50 West 50th St., New York 20, N. Y.

VACATION HEADQUARTERS, U. S. A. Along with the finest oil products, America's 200,000 service stations provide clean rest rooms, distribute over 100 million road maps a year, offer many other free services.

MT. RUSHMORE NATIONAL MONUMENT in the Black Hills of South Dakota, and other famed National parks will be visited by 33 million motorists this year. 8 out of 10 U.S. vacationists now travel by car.

BEACHES LURE many U.S. vacationists. Low gasoline prices help make vacation travel easy for millions of car owners. Today's high quality gasoline costs about the same as gasoline did 25 years ago—only taxes are higher.

(Advertisement)

EVERY SUMMER weekend vacation-bound motorists stream out of U. S. cities. With car ownership at an all-time peak, Americans now average one automobile for every 4 people—actually have more motor vehicles than telephones.

El auge económico

Quienes conducían por la Ruta 66 necesitaban lugares donde reparar el auto o llenar el tanque de gasolina. También necesitaban un lugar para descansar luego de un largo día de viaje. En los pueblos pequeños que se encontraban a lo largo de la ruta, los residentes abrieron nuevos negocios para satisfacer estas demandas. Las gasolineras, los talleres mecánicos, los moteles y las tiendas de recuerdos atendían a los turistas y generaban puestos de trabajo para los lugareños.

¿Qué significa?

La palabra *motel* se usó por primera vez en 1925. Es la combinación de dos palabras: *motor* y *hotel*. Los moteles, con estacionamientos grandes y habitaciones con fácil acceso, se crearon para satisfacer las necesidades de los viajeros.

Comida caliente y rápida

Los viajes por la carretera también cambiaron la forma de comer. Los viajeros querían comida fresca para consumir al paso. Los restaurantes pensaron cómo servir comida caliente en poco tiempo. La comida rápida se hizo cada vez más popular. Varios puestos famosos de hamburguesas, como McDonald's y Jack in the Box, se fundaron en la década de 1950. En lugar de platos, usaban bolsas y envoltorios de papel. Así era más fácil comer en el auto y volver a la ruta.

La primera ventanilla de servicio para autos abrió en 1947 en Springfield, Misuri. Los comensales de Red's Giant Hamburg pedían y retiraban su comida sin salir del vehículo. Esto hizo que comer en la ruta fuera incluso más rápido. Los viajeros también querían este servicio veloz cuando volvían a casa. Así fue que comenzaron a aparecer lugares de comida rápida en las grandes ciudades y en los pueblos pequeños.

La nueva **industria** de servicios alimenticios creó más puestos de trabajo. Los restaurantes solían ofrecer empleo a adolescentes y estudiantes universitarios que buscaban trabajar pocas horas al día. Como resultado, los jóvenes tenían más dinero para gastar. Las empresas comenzaron a publicitar música, películas y ropa dirigidas a este nuevo grupo de consumidores.

restaurante de hamburguesas con ventanillas de servicio para autos, 1951

letrero antiguo de McDonald's® situado en la Ruta 66, en California

Adiós al menú costoso

McDonald's® se hizo famoso por usar una línea de montaje para armar los pedidos rápidamente. De ese modo, el restaurante podía vender más comida en menos tiempo. Este método ayudó a que los precios se mantuvieran bajos. ¡En 1954, una hamburguesa de McDonald's costaba apenas 15 centavos!

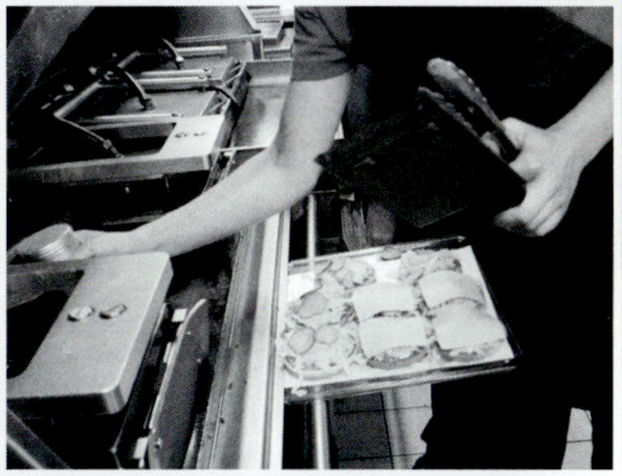

Vistas y espectáculos

La **publicidad** tuvo un rol importante en el éxito de la Ruta 66. En 1927, Cyrus Avery formó un nuevo grupo. Era una asociación dedicada a la ruta, llamada U.S. 66 Highway Association. La asociación comenzó a hacer publicidad y fomentar el turismo. Los miembros se dedicaron a buscar apoyo para la nueva carretera.

En 1928, el grupo organizó una carrera. Su objetivo era generar entusiasmo por la Ruta 66. El evento se llamó Bunion Derby. Casi 200 atletas de todo el mundo participaron en la carrera. Corrieron desde Los Ángeles hasta la ciudad de Nueva York. Muchísimas personas se acercaban para alentar a los corredores. Otras personas seguían la carrera por la radio. Había famosos esperando en distintos puntos del camino para saludar a los corredores. La competencia alcanzó su objetivo de atraer mucha atención a la nueva carretera.

ANDY PAYNE WILL LIFT MORTGAGE WITH $25,000 PYLE DERBY PRIZE

Like a true Horatio Alger hero, Andrew Payne (left), winner of the $25,000 first prize in C. C. Pyle's trans-continental marathon, will lift the mortgage on his family's Claremore, Okla., homestead and will build a new home to replace the present cabin (above). Dad and Mother Payne (lower left); Andy's six brother and sisters, including six-year-old Will Rogers Payne (lower right); and even Prince the horse he used to race to school, share Claremore's elation at the lad's triumph.

Una gran final

Andy Hartley Payne fue el ganador de la competencia. Payne era un corredor de la nación cheroqui. Su premio fue un cheque de $25,000. ¡Era una enorme cantidad de dinero en aquella época!

La Ruta 66 también cambió la forma en que las tiendas atraían compradores. En el pasado, las tiendas usaban más que nada anuncios impresos. Vendían sus productos en periódicos y catálogos a través de palabras y fotos. Pero las tiendas de la Carretera Madre debían atraer a los clientes en un instante. Pintaban sus mensajes en carteles con colores llamativos. También usaban carteles de neón para llamar la atención de los conductores.

Cuanto más grande, mejor

Hacia fines de la década de 1940, el comercio estaba en pleno crecimiento en la Ruta 66. Los propietarios de las tiendas competían por los clientes. Entonces empezaron a buscar nuevas formas de atraer compradores. Algunas de sus ideas eran divertidas y ocurrentes, y otras eran simplemente absurdas. Algunos comerciantes construían estatuas enormes para captar el interés de los conductores que pasaban. La idea era que se detuvieran para ver las estatuas de cerca y luego le compraran productos al vendedor. Cuanto más grande fuera la estructura, ¡mejor!

figura emblemática de Wilmington, Illinois

Una fábrica de kétchup de Illinois construyó la botella de kétchup más grande del mundo. La botella medía 70 pies (21.3 metros) de alto. Empezaron a hacerse unas figuras gigantes llamadas *muffler men* frente a los talleres mecánicos. Representaban rancheros, leñadores y otros personajes. Las estatuas llevan ese nombre porque solían tener en la mano silenciadores, llamados *muffler* en inglés, que forman parte del motor de un auto.

También había museos de curiosidades y tiendas de regalos que invitaban a los conductores a detenerse. Estos lugares cobraban un pequeño importe a los visitantes por ver objetos extraños o inusuales. Algunos prometían mostrar serpientes de cascabel y otros reptiles. Otros ofrecían a los turistas la oportunidad de llevarse maravillas locales, como piedras brillantes o trozos de madera **petrificada**.

figura emblemática de Holbrook, Arizona

La ballena azul de Catoosa

Una de las estatuas más grandes de la histórica Ruta 66 es esta ballena azul. Está junto a un estanque en Catoosa, Oklahoma. Mide 80 pies (24.3 metros) de largo. Fue un regalo que le hizo un hombre llamado Hugh Davis a su esposa, Zelta.

Los indígenas y la Ruta 66

Más de 25 tribus indígenas vivían a lo largo de la Ruta 66 en su apogeo. Aproximadamente la mitad de la ruta cruzaba territorios tribales. Cada nación tribal de aquel entonces y de hoy tiene su propia cultura. El grupo más grande es la nación cheroqui de Oklahoma. Varias tribus pueblo viven en **reservas** en Nuevo México. Más hacia el oeste, están las tribus de los navajos y los hopis.

Antes de que se construyera la Carretera Madre, las naciones tribales estaban bastante aisladas. Había muy pocas carreteras que conectaran los territorios tribales con otras partes del país. La Ruta 66 les dio a las tribus un mayor acceso al comercio. Con los viajes por carretera, surgieron nuevos puestos de trabajo para los miembros de las tribus.

Este motel situado al costado de la ruta en Arizona se basó en un estereotipo de los indígenas estadounidenses y confundió un tipi con un *wigwam*.

Sin embargo, estas oportunidades nuevas también tenían su aspecto negativo. Muchas tiendas utilizaban imágenes de indígenas para atraer clientes. Pero basaban sus publicidades en lo que leían en los libros y veían en las películas. Los medios solían presentar imágenes falsas de los indígenas y de la vida que llevaban. Seguían **estereotipos**. A veces los representaban como personas extremadamente violentas. O confundían a una tribu con otra. Por ejemplo, una tienda decía que vendía productos cheroquis. El cartel de la tienda mostraba a un hombre con un penacho. Pero esos tocados de plumas se usaban entre las tribus de las Llanuras. Nunca formaron parte de la cultura cheroqui.

Reservas indígenas

Hay más de 300 reservas en Estados Unidos. Cada una se considera una nación distinta. Las naciones tribales deben seguir las leyes federales pero no las estatales. Además, tienen sus propias leyes, su propia policía y sus propios tribunales.

Las tiendas de regalos vendían pipas, vestimenta y otros productos que supuestamente representaban la vida de los indígenas estadounidenses. Pero pocas de esas tiendas tenían propietarios indígenas. De hecho, muchos de los lugares que estaban a lo largo de la Ruta 66 no permitían la entrada a indígenas ni a afroamericanos. Algunos ponían carteles que decían “Solo blancos”.

Recuperar las imágenes tribales

Hoy en día, muchas tribus tienen sus propios hospedajes y casinos en la antigua Ruta 66. Estos lugares dan trabajo a los ciudadanos de las tribus. Las tribus usan los ingresos para financiar su gobierno y otros programas. Hay tiendas al costado de la ruta que venden arte indígena real. Allí se pueden comprar mantas, joyas y otras artesanías.

Un artista zuñi actual pinta un jarro en un estilo tradicional.

Algunos grupos dan a conocer sus creencias y costumbres por medio del turismo. Por ejemplo, los indígenas de Taos Pueblo ofrecen visitas guiadas por la aldea durante todo el año. Otros grupos abren las puertas a los visitantes durante fechas especiales. En esos días, los turistas pueden presenciar **reuniones tribales** en las que una o más tribus se juntan a debatir sobre temas locales. Los indígenas también bailan, cantan y crean arte. A veces, comparten un banquete. Cada grupo tiene sus propias reglas para los visitantes. Algunos no les permiten tomar fotos. Otros les piden que permanezcan en silencio. Seguir estas reglas es mostrar respeto por la cultura de la tribu.

Un bailarín navajo actual baila una danza tradicional.

Mucho dinero

Los casinos son una de las mayores fuentes de ingresos de muchas reservas. Aproximadamente 250 tribus dirigen casinos. Los visitantes pagan por participar en juegos de apuestas. En general, estos lugares ganan más de 30,000 millones de dólares al año.

Final del camino

A fines de la década de 1950, la mayoría de las familias de Estados Unidos tenían por lo menos un auto. Viajar por la ruta seguía siendo popular. Pero las primeras carreteras no habían sido construidas para tantos autos. Había muchos atascos en la Ruta 66 y en otras carreteras. Las autoridades del país debían encontrar una manera de hacer que viajar en auto fuera más seguro y más rápido.

El Congreso de Estados Unidos aprobó la Ley de Ayuda Federal para Carreteras en 1956. La orden destinó 25,000 millones de dólares para construir un **sistema interestatal**. Las carreteras nuevas serían más anchas y así entrarían más autos. Además, las rutas se conectarían entre sí. Esto facilitaría conducir de un estado a otro. Algunas partes de la Ruta 66 fueron reemplazadas por carreteras nuevas. La Interestatal 40 reemplazó la parte más larga. Una punta está en la Costa Este de Carolina del Norte. La otra punta está en California.

construcción de una carretera interestatal en Vallejo, California, 1958

Aunque algunas partes de la Ruta 66 siguen existiendo, ya no es una carretera oficial. En 1985, las autoridades decidieron **desmantelar** la Ruta 66. Se quitaron todos los carteles de la carretera. Hoy en día, aproximadamente el 85 por ciento de la ruta histórica está abierta al tránsito. Sin embargo, hay poca financiación para mantenerla.

Este cartel marca el final de la Ruta 66 en Santa Mónica.

Tiempo de viaje

Los autos eran un lujo en la década de 1920. Hoy en día, en Estados Unidos, la mayoría de las familias tienen por lo menos uno. Los conductores estadounidenses pasan, en promedio, 17,600 minutos en la carretera por año. ¡Es casi una hora por día!

Preservar la Calle Principal del país

Muchas personas de todo el mundo siguen viajando por la histórica Ruta 66 y visitando las paradas famosas. Los turistas gastan unos 38 millones de dólares al año en la ruta. Sin embargo, las carreteras nuevas no pasan por muchos de los pueblos que los viajeros solían frecuentar. Los lugareños dependían de los turistas para obtener ingresos. Como bajó el número de clientes, muchos restaurantes y tiendas debieron cerrar. La **pobreza** ha aumentado en muchos de estos lugares.

Algunas personas quieren recuperar el turismo por la Ruta 66. Consideran que es importante preservar los sitios y la historia de la ruta. En 1999, el Servicio de Parques Nacionales lanzó un programa de ayuda. Da **subvenciones** a empresas y otros grupos. El dinero se utiliza para el mantenimiento de los edificios y la investigación sobre la Ruta 66.

Se puede encontrar información sobre la Ruta 66 y otros sitios históricos en internet.

Un ejemplo está en Clinton, Oklahoma. Allí se encuentra el Museo de la Ruta 66. Los visitantes pueden aprender sobre la Carretera Madre. Hay autos, fotos y otros objetos antiguos. Unas 50,000 personas visitan el museo cada año. ¡Esa cifra es unas cinco veces la población de Clinton!

Bosque de piedras

El parque nacional del Bosque Petrificado es un desvío popular entre los visitantes de la Ruta 66. Hace millones de años, murieron muchos árboles por esa zona. Algunos cayeron en arroyos o fueron arrastrados por las inundaciones. Quedaron cubiertos de barro, arena y cenizas volcánicas. Con el tiempo, los troncos absorbieron esos minerales y se convirtieron en piedra. Como resultado, se formaron grandes campos de troncos coloridos. El parque se puede recorrer en auto. También hay algunos lugares para hacer senderismo.

La ruta no queda en el olvido

No hay muchas carreteras que sean tan famosas como la Ruta 66. La Carretera Madre no es solo asfalto y grava. Es un símbolo del cambio. Junto con la nueva popularidad de los autos, cambió el curso de la historia de Estados Unidos. Comenzó como una nueva opción para viajar. Con los años, se convirtió en una forma de conectar a las personas, comerciar y crear recuerdos. La Ruta 66 ha sido una vía de escape de la hambruna y un camino a la victoria. Significa algo diferente para cada persona que haya pasado por ella.

Sobre todo, la Calle Principal de Estados Unidos conectó personas y lugares. Inspiró inventos y dio lugar a zonas comerciales completamente nuevas. Viajar por la carretera se convirtió en un pasatiempo emocionante. Para quienes vivían en torno a la ruta, fue una nueva fuente de trabajo. En general, la Ruta 66 transformó la manera en que los estadounidenses viajan, comen y promocionan bienes y servicios.

Aunque hace tiempo que los icónicos carteles de la Ruta 66 han desaparecido, el espíritu de la carretera sigue vivo. En todo el mundo, las personas siguen sintiendo curiosidad por su pasado y confianza en su futuro.

La Carretera de la Costa del Pacífico

La Ruta 66 no es la única carretera famosa de Estados Unidos. La Carretera de la Costa del Pacífico es otra ruta popular para las personas a quienes les gusta viajar en auto. La ruta, que mide aproximadamente 656 millas (1,056 kilómetros) de largo, recorre la costa de California de norte a sur.

personas viajando en auto en la década de 1950

personas viajando en la actualidad

¡Haz un mapa!

¡Planea tu propio viaje en auto por la Ruta 66! Harás un mapa como ayuda. Sigue estos pasos:

1. Imprime un mapa de Estados Unidos. Traza la Ruta 66 con una línea. Debe comenzar en Santa Mónica, California, y pasar por Arizona, Nuevo México y el noroeste de Texas en línea recta. Luego, debe seguir en diagonal por Oklahoma, Kansas, Misuri e Illinois. Termina en Chicago.
2. Escoge una ciudad o un pueblo que quieras visitar. Busca información sobre tu destino. Luego, dibuja un símbolo para marcar la ubicación en el mapa.
3. Escoge otro pueblo o ciudad y haz lo mismo. Repite el procedimiento con tres o cuatro lugares. Puedes usar una estrella para marcar una de las ciudades. Puedes marcar otra con un círculo. Cada ciudad debe tener su propia marca especial.
4. Haz la clave del mapa. En una hoja en blanco, haz una lista de las ciudades que decidiste visitar. Junto al nombre, dibuja el mismo símbolo que usaste en el mapa.
5. Ahora que sabes adónde irás, haz planes. ¿Cuántos días viajarás? ¿Qué llevarás para el viaje?

Blue Swallow
MOTEL
VACANCY
TV
100% REFRIGERATED AIR

ARCADIA
ROUND BARN

Nevada
Utah
Colorado
Nebraska
Iowa
Illinois
Kansas
Misuri
California
Arizona
Nuevo México
Oklahoma
Texas
Arkansas
Luisiana
OCÉANO PACÍFICO
Chicago
Bloomington
Springfield
San Luis
Springfield
Tulsa
Ciudad de Oklahoma
Amarillo
Santa Fe
Albuquerque
Gallup
Flagstaff
Kingman
San Bernardino
Los Ángeles
Santa Mónica
RUTA 66

HISTORIC SELIGMAN SUNDRIES
Route 66
POLICE

Glosario

bienes de consumo: los productos que compran las personas para uso personal o doméstico

comercio: actividades que se relacionan con el proceso de comprar y vender bienes y servicios

desmantelar: dejar de usar algo oficialmente o retirarlo del servicio

economía: el sistema que consiste en producir, vender y comprar bienes y servicios en un lugar en particular

estereotipos: creencias negativas, dañinas o falsas sobre ciertos grupos de personas

industria: un conjunto de negocios que ofrecen un producto o un servicio en particular

líneas de montaje: filas de máquinas y trabajadores en una fábrica que, para armar un producto, pasan el trabajo de una estación a la siguiente hasta que el producto está terminado

petrificada: que se ha convertido en piedra

pobreza: la condición de no tener acceso o tener poco acceso a dinero, bienes o sustento

publicidad: la actividad de anunciar al público que un producto o servicio está a la venta

reservas: áreas destinadas para alojar a las tribus de indígenas estadounidenses

reuniones tribales: grandes reuniones organizadas por los indígenas estadounidenses con el fin de socializar, bailar, cantar y celebrar su cultura

sequía: un período largo en el que no llueve o llueve muy poco

sistema interestatal: la red de carreteras de Estados Unidos que conecta los 48 estados contiguos

subvenciones: dinero que el gobierno o una empresa les da a las personas para que lo utilicen con un fin específico

Índice

Ruta 66, Arizona

¡Aprende más!

A Cyrus Avery se le conoce como el "Padre de la Ruta 66". Pero ¿quién fue realmente? Investiga sobre esta persona famosa. Recopila de cinco a siete datos sobre Avery y su vida. Estas son algunas preguntas para tener en cuenta:

- ¿Cómo fue su infancia?
- ¿Cuál era su trabajo?
- ¿Qué motivó a Avery a elaborar su plan para la Ruta 66?
- ¿Cómo convenció Avery a otras personas de apoyar su plan?